SHAKE
Hunde geschüttelt

CARLI DAVIDSON

Aus dem Amerikanischen von Ulrike Kretschmer

KNESEBECK

Titel der Originalausgabe: *SHAKE*
Erschienen bei Harper Design, ein Imprint von HarperCollins Publishers,
New York 2013 Copyright © 2013 Carli Davidson

Vermittelt durch Rights People, London, Großbritannien.

Deutsche Erstausgabe
4. Auflage 2013
Copyright © 2013 von dem Knesebeck GmbH & Co. Verlag KG, München
Ein Unternehmen der La Martinière Groupe

Umschlaggestaltung: Leonore Höfer, Knesebeck Verlag
Übersetzung aus dem Amerikanischen: Ulrike Kretschmer, München
Lektorat, Satz und Herstellung: VerlagsService Dr. Helmut Neuberger
& Karl Schaumann GmbH, Heimstetten (www.verlagsservice.net)
Druck: PrintConsult, München
Printed in the European Union

ISBN 978-3-86873-707-3

Alle Rechte vorbehalten, auch auszugsweise.

www.knesebeck-verlag.de

Dieses Buch ist meinen Hunden gewidmet: Norbert, Jack, Dempsey, Ashes, Daisy und Chloe. Mit den Jahren habt ihr mir viel Geld eingespart, das ich sonst für einen Psychiater hätte ausgeben müssen, und dafür bin ich sehr dankbar.

Zudem ist das Buch meinem Vater, Charles Davidson, gewidmet, der mir beibrachte, wie man Schlangen fängt, als ich sechs Jahre alt war. »Sie könnte dich beißen«, sagte er, »doch denke immer daran: Sie hat mehr Angst vor dir als du vor ihr, also geh sanft mit ihr um. Für sie bist du ein Riese!«

Und meinem Mann Tim, der immer noch davon fasziniert ist, mit einer exzentrischen Künstlerin verheiratet zu sein, was ich sehr zu schätzen weiß.

EINLEITUNG

Sieben Jahre, bevor ich zur Welt kam, rettete eine Bulldogge meiner Familie das Leben. Damals war Daisy noch ein Welpe, doch ihr schrilles Gebell ließ meinen Vater aus dem Schlaf aufschrecken: Das Haus war voller Rauch, ein öliger Lappen hatte Feuer gefangen. Mein Vater weckte meine Mutter, und gemeinsam mit ihr, meinen Schwestern und Daisy konnte er sich im Freien in Sicherheit bringen.

Ich kam gerade rechtzeitig zur Welt, um Daisy noch kennenzulernen: ein schnaubendes, sabberndes Bündel Haut. Ihr Grunzen und ihr großzügiges Ablecken gehören zu meinen frühesten Kindheitserinnerungen. Außerdem bin ich mit unseren Hunden Jack, Dempsey, Chloe und Ashes aufgewachsen, mit unserer nach meinem Helden, dem Wrestler Hulk Hogan, benannten Katze sowie mit zahllosen Reptilien und Amphibien. Ich kümmerte mich um sie, spielte mit ihnen und wurde von ihnen getröstet, während ich mit dem Erwachsenwerden kämpfte. Ich sah sie altern und trauerte um sie, als sie starben. Jedes dieser Tiere trug bei zu der Ehrfurcht und dem Respekt, den ich für das Leben um mich herum empfinde. Durch ihre absolut ehrliche Beziehung zu mir bewahren sie mir meine Bodenhaftung; im Umgang mit ihnen gebe und empfange ich bedingungslose Liebe.

Da sich unser Zuhause in der Nähe eines Naturschutzgebiets befand, hatte ich schon früh Gelegenheit, mit Tieren zu arbeiten. Ich konnte beobachten, wie Schmetterlinge aus ihrem Kokon schlüpften und ihre Flügel entfalteten. Ich beobachtete Spinnen beim Weben ihrer Netze und bewunderte jedes Mal ihre Liebe zum Detail. Ich fing Frösche mit der bloßen Hand. Durch die Tiere erfuhr ich von den Mysterien des Lebens und des Sterbens, von den Wundern des Alltags. Den Großteil meines Lebens habe ich mit ihnen gearbeitet. Ich war schon als Tierpflegerin und als Umweltschutzpädagogin tätig, habe mit wilden Tieren gearbeitet und mit ausgesetzten Haustieren.

Nach Jahren fotografischer und tierpflegerischer Tätigkeit habe ich dann ein eigenes Fotostudio eröffnet. Mittlerweile trage ich keinen Arbeitsoverall mehr; ich mache keine Gehege sauber und bereite auch kein Futter mehr zu. Stattdessen verbringe ich täglich mehr Zeit mit meinem Hund Norbert als mit irgendjemandem sonst. Bei der Arbeit höre ich sein dröhnendes Geschnarche und Gegrunze und könnte stundenlang dabei zusehen, wie er versucht, die weichste Stelle in seinem Körbchen zu finden. Wenn er aufsteht, streckt er sich erst einmal, bevor er sich schüttelt und die Wände mit reichlich Sabber besprüht.

Im Laufe der Jahre beschenkte er mich mit Tausenden solcher Schüttelaktionen, die mich förmlich dazu drängten, sie zu fotografieren, bis ich die Botschaft endlich verstanden hatte.

Mit diesen Aufnahmen von Norbert zitiere ich Eadweard Muybridge, der 1878 mit seiner Kamera beweisen wollte, dass sich bei galoppierenden Pferden zeitweise alle vier Beine in der Luft befinden. So fing er einen Bewegungsablauf ein, der so schnell stattfindet, dass unsere Augen ihm nicht folgen können. In diesem Buch stehen jeweils zwei Aufnahmen eines Hundes nebeneinander, die wie zwei aufeinanderfolgende Bilder eines Films die Bewegung des Tieres zeigen. Die Fotos erinnern daran, dass das Äußerliche vergänglich ist; oberflächliche Gedanken zum Aussehen einer Person oder eines Tieres basieren nur auf einer Momentaufnahme, auf einem zufällig eingenommenen Blickwinkel. Mit Menschen, die wir gut kennen, kommunizieren wir, bauen eine Verbindung auf, schaffen Erinnerungen anhand sich wiederholender Erscheinungsbilder und Gesichtsausdrücke. Fehlt das vertraute Lächeln, suchen wir nach einer Erklärung. Dieses Buch will Sie herausfordern, das Vertraute mit neuen Augen zu sehen.

Die Bilder sollten nicht eigentlich komisch sein, dennoch finde ich es belustigend, wenn ich sie mir ansehe. Meine Absicht war nicht, die Tiere zu verunstalten. Dennoch wirken einige der Hunde durch die seltsame Mimik eher wie Monster als wie die Freunde, die uns täglich begleiten.

Nachdem ich die ersten fünf Hunde fotografiert hatte, stellte ich die Bilder ins Netz. Sie verbreiteten sich wie ein Virus, und die Reaktionen überrollten mich lawinenartig. Meine Arbeiten tauchten in Blogs auf und erschienen in Zeitschriften. Sie wurden von Menschen rezensiert, von denen ich niemals zu hoffen gewagt hätte, dass sie sich für meine Fotos interessieren. In Zeiten einer globalen Rezession und kriegerischer Auseinandersetzungen, in denen sich die Gespräche meist um negative und traurige Dinge drehten, erhielt ich wöchentlich Hunderte von E-Mails, in denen Menschen mir schrieben, wie sehr sie meine Bilder erheitert hatten – ein tolles Gefühl. Dass Millionen von Menschen auf der ganzen Welt Freude an meinen Bildern hatten, hat mir bewusst gemacht, dass die Liebe zu unseren Haustieren universal und weltumspannend ist. Zusammen mit zahllosen Menschen finde ich es vergnüglich und spannend, unsere Lieblinge auf eine ganz neue Art und Weise zu sehen.

Carli Davidson

DIE ARBEIT MIT DEN HUNDEN

In ihrem Buch *Animals in Translation* schreibt Temple Grandin, dass »Tiere Angst vor Dingen haben, die Menschen noch nicht einmal wahrnehmen«. In meinem Fotostudio können die Tiere von so simplen Dingen wie einem flatternden Stück Stoff, dem Geräusch der Blitzleuchte oder der Struktur des Hintergrundpapiers abgelenkt und in Angst versetzt werden. Deshalb versuche ich immer, die Umgebung so normal wie möglich zu gestalten. Ich muss die Spannung aus einem Raum herausnehmen, wenn ich erfolgreich mit einem Tier arbeiten will.
Für die Fotos in diesem Buch studierte ich zunächst die Körpersprache des betreffenden Tieres; ich schloss daraus, ob es zunächst ignoriert werden und von alleine auf mich zukommen wollte oder ob ich den ersten Schritt tun sollte. Diese ersten Momente waren entscheidend: Um die Möglichkeit zur Kommunikation zu schaffen, musste ich dem Tier ein Gefühl von Sicherheit und Kontrolle vermitteln.
Nach dem ersten Beschnuppern ermunterte ich die Hunde dazu, mit mir zu spielen, um so eine weitestgehend stressfreie Atmosphäre für das Tier zu schaffen. Dann konnte ich allmählich vom Spiel zur Arbeit mit der Kamera übergehen, was möglichst nahtlos geschehen sollte. Es ist wichtig, dass das Tier die Kulisse mit etwas Positivem assoziiert – Angst verhindert jede gute Aufnahme.
Bei meiner Arbeit verlange ich viel Vertrauen: Das Tier muss sich freiwillig vor riesige Blitzleuchten setzen lassen und es mir erlauben, seinen Körper zu manipulieren. Ich musste herausfinden, was einen Hund am ehesten dazu bringt, sich zu schütteln. Manchmal tropfte ich ihm etwas Wasser auf den Kopf, manchmal kraulte ich ihm die Ohren, manchmal rieb ich ihn mit einem Handtuch ab oder blies ihn an. Doch mein wichtigstes Werkzeug war die Geduld. Nicht alle Hunde, die für dieses Buch Modell stehen sollten, wollten sich auch schütteln. Manche schüttelten sich genau einmal und ließen mich wissen: Das war's. Manche wiederum wollten gar nicht damit aufhören und schienen viel Spaß daran zu haben.
Die Bilder erforderten ebenso viel technische wie kreative Planung. Zunächst kaufte ich mir neue Blitzgeräte mit einer Blitzzeit von einer Dreizehntausendstelsekunde. Dann brauchte ich eine Kamera, die mit einer hohen Blitzfrequenz Schritt halten konnte. Den Großteil der Aufnahmen machte ich mit einer Nikon D4, die zehn Bilder pro Sekunde schießen kann – eine unschätzbarer Vorteil angesichts der Tatsache, dass sich manche Hunde nur einmal schüttelten und das auch nur für ein oder zwei Sekunden. So hatte ich mehrere Aufnahmen, aus denen ich auswählen konnte.

Die Aufbereitung der Fotos war eine völlig neue Erfahrung. Im Gegensatz zu anderen Projekten, bei denen ich einen Augenblick dokumentiere oder eine Idee in Szene setze, sah ich die Bilder von den sich schüttelnden Hunden erst, nachdem ich sie gemacht hatte. Die Bewegung der Hunde war viel zu schnell, als dass ich ihr mit den Augen hätte folgen und die jeweiligen Gesichtsausdrücke beim Fotografieren hätte beurteilen können. Im Sucher war nicht erkennbar, was auf den Fotos später zu sehen war. Deshalb war es am aufregendsten, die Bilder auf den Rechner zu laden. Sie waren gestochen scharf, und die Mimik der Hunde war einfach köstlich. Ich hatte jedes Mal das Gefühl, ein kleines Geschenk auszupacken.

Wenn man mich fragt, wie man Tiere fotografiert, sage ich immer, der erste Schritt hat nichts mit Fotografieren zu tun. Um Ihre Motive kennenzulernen, melden Sie sich in einem Tierheim, lassen Sie sich zum Hundetrainer ausbilden oder arbeiten Sie in einer Auffangstation für ausgesetzte Tiere. Sie müssen lernen, mit Tieren zu kommunizieren, und dazu brauchen Sie Erfahrung, Zeit und Geduld.

Die Modelle

Ich danke allen, die mit ihren Hunden die Realisierung meiner Vision möglich gemacht und sich die Zeit genommen haben, von nah und fern zu meinem Studio zu kommen. Ich war erstaunt, wie genau meinen Wünschen hinsichtlich Rasse, Aussehen und Persönlichkeit entsprochen wurde. Nicht alle Hunde, die ich fotografiert habe, finden sich auch in diesem Buch, doch die Bereitschaft dieser Tiere, fotografiert zu werden, und die Freundlichkeit ihrer Besitzer sind gar nicht hoch genug zu loben.
Keiner der in diesem Buch abgebildeten Hunde ist ein professionelles Fotomodell. Ich habe sie alle über Freunde, Tierschutzvereine und soziale Netzwerke gefunden. Da Hunde an Kameraausrüstungen im Allgemeinen nicht gewöhnt sind, kann ihnen das Fotografieren Angst einflößen. Doch da ihre Besitzer dabei waren und ich die Studioumgebung so positiv wie möglich gestaltet hatte, waren fast alle Hunde beim Fotografieren in spielerischer Stimmung und gut gelaunt.
Hier nun die Modelle in der Reihenfolge ihres ersten Auftritts:

Mane — Dax — Gabi — Roz — Connor — Mr. Bottoms

Leeloo — Blue — Rokh — ElleBelle — Mort — Herman

Vito	Obiwan	Norbert	OG	Maddie the Coonhound	Sunny

Drew	Chewie	Buddy Nixon	Jake	Wyatt	Rocky

Roscoe	Bella	KaDee	Horus	Palmer	Langston

Howard	Chloe	Zorro	I-Max	Fonzie	London

 Jazmine
 Greta & Minute Dog
 Jasper
 Laka
 Edmond
 Gemma

 Sergeant
 DiDi
 Teuer
 Balboa
 Jackson
 Brio

 Denali
 Bailey
 Jewel
 Balrog
 Darius
 Bandit

 Nancy Drew
 Bumble
 Grandpa
 Huey
 Ramen Noodle

EIN WORT ZUR ADOPTION VON TIEREN

Alle Tierfreunde dieser Welt möchte ich bitten, über eine Adoption nachzudenken, wenn sie planen, sich ein Haustier zuzulegen. Promenadenmischungen sind momentan groß in Mode: Sie sind einzigartig und im Gegensatz zu ihren reinrassigen Kollegen kaum anfällig für Erbkrankheiten. Und falls Sie nach einer bestimmten Rasse suchen: auch kein Problem! 25 Prozent der Hunde, die in Auffangstationen landen, sind reinrassig – mehr als eine Million Tiere pro Jahr. Tiere aus Tierheimen wissen, dass Sie sie gerettet haben, und zeigen Ihnen ihre Dankbarkeit in Form von Einfühlungsvermögen und Zuneigung immer wieder aufs Neue. Wenn Sie ein Tier aus dem Heim bei sich aufnehmen, retten Sie buchstäblich ein Leben.

Schließen Sie auch ein älteres oder pflegebedürftiges Tier nicht von vornherein aus. Schaffen Sie sich einen Hund an, der zu Ihrem Lebensstil passt, und seien Sie ehrlich: Sind Sie eher Workaholic oder Couch-Potato? Ein Welpe ist eine übermütige Spielmaschine, die für mindestens zwei Jahre konsequente Erziehung und ununterbrochene Aufmerksamkeit braucht. Ein sieben Jahre alter Pitbull-Mischling möchte auf Ihren Schoß sabbern, während Sie auf der Couch Chips knabbern und sich Ihre Lieblings-Soap ansehen; außerdem weiß der Hund wahrscheinlich auch, dass er nicht auf Ihren teuren Perserteppich machen darf.

Wenn wir der Überfüllung der Tierheime ein Ende setzen wollen, ist es notwendig, unsere Haustiere zu sterilisieren oder zu kastrieren. Ansonsten könnte der ungewollte Nachwuchs Ihres Hundes zu den drei bis vier Millionen Tieren zählen, die jährlich eingeschläfert werden. Außerdem ist die Lebenserwartung sterilisierter Hündinnen höher als die nicht sterilisierter, während nicht kastrierte männliche Hunde mitunter ein ausgeprägt aggressives Verhalten entwickeln und für über 90 Prozent aller tödlich verlaufenden Hundeangriffe verantwortlich sind. Wenn es unbedingt sein muss, können Sie Ihrem Hund Silikonhoden – kosmetische Implantate für kastrierte Haustiere – kaufen. Ich finde das zwar völlig überflüssig, es ist mir aber immer noch lieber, als wenn Sie Ihr Haustier gar nicht kastrieren lassen.

70 Prozent der hier abgebildeten Hunde stammen aus Tierasylen. Die meisten dieser Einrichtungen sind überlastet. Deshalb meine Bitte: Unterstützen Sie die Tierheime und Tierasyle vor Ort. Sollten Sie selbst fotografieren, so stellen Sie Ihre Dienste Tierheimen zur Verfügung.

DANK

Die Erste, die ich hier erwähnen möchte, ist Amanda Giese, die Gründerin von Panda Paws Rescue. Diese Organisation kümmert sich besonders um ältere, verletzte und besonders pflegebedürftige Tiere, die aufgepäppelt und an neue Besitzer vermittelt werden. Amandas Hund Mane, mein erstes Modell für dieses Buch, war unendlich geduldig, als ich an meiner Technik feilte, um den gewünschten Effekt zu erzielen. Außerdem half mir Amanda bei der Produktion und war während der meisten Fotosessions anwesend.

Überaus dankbar bin ich meiner wundervollen Agentin Jean Sagendorph, die das Potenzial meiner Arbeit erkannte und ein verlegerisches Zuhause für dieses Buch fand. Meiner Herausgeberin Julia Abramoff schulde ich Dank dafür, dass sie mich durch mein erstes Buch führte – eine ganz erstaunliche Erfahrung. Danken möchte ich auch allen, die mir etwas über die Pflege und Ausbildung von Tieren beigebracht haben, angefangen in meiner Kindheit bei den Mitarbeitern von Teatown Lake Reservation. Später waren es die Mitarbeiter des Oregon Zoo, darunter Tanya Paul, Nicole Nicassio, Julie Christy, Shannon LaMonica, Bree Booth und schließlich Virginia Grimly, die mir die nötigen Kenntnisse vermittelten.

Mein Dank geht auch an meine zahlreichen fotografischen Mentoren, darunter Andi Davidson, Michael Rudin, Joanne Kim, Gio Marcus, Holly Andres, Michael Durham, Brad Guice und Frank Ockenfels.

Für ihre Unterstützung danke ich Sierra Hahn, Joseph Russo, Steven Michael Reichert, Scott Cook, Salisha Fingerhut, Jennifer Harris, Dori Johnson, Deena Davidson, Leslie Davidson, Barbara Davidson, allen Wieschs und ihrer gesamten Verwandtschaft, Kuo-Yu Liang, Joe Preston, Eric Powell, Alana DeFonseca, Danica Anderson, Hukee, Carlos Donahue, Janice Moses, Cheyanne Alott, Pasha, Sarah Grace McCandless, Lance Kreiter, Krisi Rose, Randy Stradley, Matt Parkenson, Jeremy Atkins, John Schork, Seth Casteel, Mike und Bub, Greg Morrison, Jonny Lockwood, Erica Dehil, Hannah Ingram, Scott Harrison, Jen Lin, Ali Skiba, Moira Morel, Gary Walters, Beast und Jade, Jen Agosta, Bridget Irish, Kevin Habberstad, Travis und Jeff Becker, Nikon, der Crew von Variable, meinem Team bei HarperCollins, darunter Lynne Yeamans, Joel Cáceres und Michael Barrs, sowie all meinen Freunden, die mich Tag für Tag inspirieren. Und ganz besonders danke ich meinem Mann, Tim Wiesch, der mich nach einem langen Arbeitstag immer mit einer selbstgemachten Mahlzeit und einer bärenstarken Umarmung empfängt.